MARIA WAR NUR SCHWANGER BIS ZUR GEBURT

Adventskalender mit 24 Kinderweisheiten

LAPPAN

Hartmut Ronge ist vielseitiger Autor im Bereich Humor und Satire, Sachbuch, Mundart – und schreibt unter Pseudonym für unterschiedliche Verlage. Seit Jahren sammelt er originelle Sprüche, Texte und Zeichnungen von Kindern aus dem Bekannten- und Freundeskreis. Für dieses Buch hat er die schönsten Bilder und kreativsten Aussagen zum Thema Advent und Weihnachten von seinen kleinen Freunden zusammengestellt. Hartmut Ronge hat zwei Kinder, lebt mit seiner Regierung in Stuttgart und lässt sich schon seit Jahren immer wieder zum 38. Geburtstag gratulieren – das hält jung. Er wurde wegen besonderer Verdienste zuhause u. a. bereits mehrfach mit dem goldenen Spülmaschineneinräumpreis ausgezeichnet.

Ein großes fettes Dankeschön geht an die mitwirkenden Künstler*innen: **Aimée (10), Anja (8), Bela (8), Christian (7), Emilia (8), Emmi (10), Hanna (9), Hanna (11), Harro (9), Joel (8), Julius (7), Junia (10), Klara (7), Lea (8), Lena (9), Lisa (9), Lotta (11), Luise (8), Maja (7), Mia (8), Susi (9), Tim (7), Toni (6) und Vincent (11).**

1. Auflage 2022

ISBN 978-3-8303-2055-5

Text und Illustration: Hartmut Ronge und alle mitwirkenden Kinder
Lektorat: Antje Haubner
Gestaltung/Herstellung: Monika Swirski

Fotonachweis: Hintergrundbild und Sterne S. 4/5, 8/9 etc.: I FOOTAGE by Shutterstock.com und Joanna Dorotaby Shutterstock.com; S. 13, 21, 45, 69, 77: Peteri by Shutterstock.com; Cover: Andrius_Saz by Shutterstock.com und Joanna Dorota by Shutterstock.com

Wir produzieren nachhaltig
- Klimaneutrales Produkt
- Papiere aus nachhaltigen und kontrollierten Quellen
- Hergestellt in Europa

FSC
www.fsc.org
MIX
Papier | Fördert gute Waldnutzung
FSC® C002795

HIER GIPT ES KEINE TÜRCHEN
SONDERN SEITEN ZUM
AUFTRENEN.

ABER JEDEN TAG
NUR EINE!

1

Der Weihnachtsmann nimmt auf
seinem Schliten nicht mal das
Christkind mit!

2

Glühwein wird an
Wulkanen geerntet

GLÜHW
EIN

3

Weil die Hirten in den Stall geplatzt sind wurden die Weihnachtsplätzchen erfunden.

4

WEIL PAPA SO FIEL
SPECKOLAZIUS ISST
WIRD ER IMMER
DICKER

5

Weil der im tiefen
Schnee eingesunken
ist heist er Sank
Nikolaus.

6

IN DER SACK KRISTEI
SAMMELT DER NIKOLAUS
DIE GANZEN GESCHENKE.

7

Man sagt Marry Christmas, weil Josef

und Maria an Weihnachten

geheiratet haben.

8

WEINACHTEN HEIST SO
WEIL DA OPA UND
OMA IMMER WEINEN

9

Mein Hamster ist
nachts auch
ein Renntier

10

Mein Opa ist ein alter Knacker weil
der Kann Nüsse mit den Händen
kaputten.

11

Ich hab auf dem
Affentsmarkt noch gar
nie Affen gesehen!

12

Es ist ein Ross
entsprungen ist
Mamas Lieblinks-
Weihnachtslied.

13

Der Weihnachtsmann
hat viele Schlitten.
Weihnachten lässt er
immer einen fahren.

14

Man wünscht sich frohe Weihnachten, weil Jesus von oben in die Krippe gestürzt ist un dann noch so lange gelebt hat bis er daran gestorben ist.

15

NACH WEICHNACHTEN
WERDEN ALLE PLÄTZ-
CHEN GANZ SCHNELL
HART.

16

So oft wie Jesus Geburtstag hat
müsste der eigentlich schon
längst tot sein!

17

UNSERE NACHBARN
SIND
CHEMISCH-KATHOLISCH

18

Weil der Josef ein
Zimmermann war,
muste er mit Maria
nach Brettlehem.

19

WEIL JESUS ALLE
RÄTSEL KANN IST
ER DER LÖSER.

20

Alle haben Kling Glöckchen
Klingelingeling gesungen.
Aber dann hab ich trotztem
kein Fahrrad bekommen!

21

MAMA GEHT IMMER MIT OMA
IN DIE KIRCHE ZUM
WEIHNACHTSKREMATORIUM

22

DIE 3 MEISEN AUS DEM MORGENLAND VERSCHENGTEN IRE SCHÄTZE.

LINKS
RECHTS

23

Papa sollte den Baum putzen aber jezt
ist er nicht sauber sondern
geschmüggt !

24

Jesus hats gut. Der kriegt doppelt Geschenke wegen Weihnachten und Geburtstag.

HÄPI BÖRSDAI
KLAINES
JESUSKINT

Ich wünsche
euch viel
Glück und
schöne Geschnke.

Ein frohes Fest

ISBN 978-3-8303-6400-9